어린이 눈높이에 맞는 좋은 책 만들기에 최선을 다하겠습니다.

이 책의 내용을 교과서에서도 찾아보세요!

국어1-1
7. 생각을 나타내요

바/즐/슬1-1
1. 학교에 가면

국어1-2
4. 자신 있게 말해요
7. 무엇이 중요할까요

국어2-1
9. 생각을 생생하게 나타내요
11. 상상의 날개를 펴요

국어2-2
2. 인상 깊었던 일을 써요
6. 자세하게 소개해요
11. 실감 나게 표현해요

국어3-2
5. 즐겁게 대화해요

난 뭐든지 금방 싫증나!

난 뭐든지 금방 싫증나!

초판 발행	2009년 03월 09일
초판 10쇄	2022년 01월 15일
글쓴이	박비소리(박성호)
그린이	반성희
펴낸이	이진곤
펴낸곳	씨앤톡
임프린트	리틀씨앤톡
출판등록	제 313-2003-00192호(2003년 5월 22일)
주소	경기도 파주시 문발로 405 제2출판단지 활자마을
전화	02-338-0092
팩스	02-338-0097
홈페이지	www.seentalk.co.kr
E-mail	seentalk@naver.com
ISBN	978-89-6098-070-9 73810

ⓒ 2009, 박비소리(박성호)

- 저작권법에 의하여 한국 내에서 보호를 받는 저작물이므로 무단전재 및 복제를 금합니다.
- KC마크는 이 제품이 공통안전기준에 적합하였음을 의미합니다.

| 모델명 | 난 뭐든지 금방 싫증나 | 제조년월 | 2022. 01. 15. | 제조자명 | 씨앤톡 | 제조국명 | 대한민국 |
| 주소 | 경기도 파주시 문발로 405 출판도시 제2출판단지 활자마을 | 전화번호 | 02-338-0092 | 사용연령 | 7세 이상 |

리틀씨앤톡은 씨앤톡의 어린이 브랜드입니다.

어린이 성장 동화 **4** 인내와 끈기

난 뭐든지 금방 실증나!

박비소리 글 | 반성희 그림

안녕하세요. 저는 이 글을 쓴 동화작가 박비소리라고 합니다.

지금은 훌쩍 키도 크고 뻣뻣한 수염이 북슬북슬한 어른이 돼버렸지만 저도 여러분처럼 작고 호기심 가득한 시절이 있었답니다. 물론 그때는 지금처럼 놀거리 먹을거리가 풍부하지 않았어요. 피시방도 없었고요. 딱지치기와 구슬치기만으로도 하루가 금방 지나갔어요. 간혹 엄마한테 심부름 값이라도 탈라치면 문방구 앞에서 오십 원짜리 갤로그 오락 기계를 신나게 두드리는 것이 놀이거리의 전부였지요. 오십 원짜리 게임이 있었다니 믿기지 않죠? 가난하고 불쌍해 보이나요? 하지만 컴퓨터가 없어도, 용돈이 많지 않아도 무척 행복했답니다.

'어린이 성장동화 시리즈'를 쓰게 된 계기는 아주 우연한 일 때문이었어요. 내년에 초등학교 5학년이 되는 조카 녀석과 통화를 하다가 이런 말을 들었거든요.

"안녕 가르쳐 준 삼촌!! 나 학원 다니기 싫어.
있지. 학교도 다니기 싫어. 재미없어."

녀석은 저를 '안녕 가르쳐 준 삼촌'이라고 부른답니다. 한글을 처음 배웠을 때 '안녕하세요.'라는 단어를 가르쳐 준 게 바로 저였거든요. 아무튼 고작 5학년

밖에 안 되는 아이가 이런저런 걱정거리로 고민한다는 사실이 무척 가슴 아팠습니다. 더 큰 문제는 그 녀석의 고민을 들어줄 상대가 주변에 없다는 것이었어요. 통화가 끝나자마자 녀석과 같은 요즘 아이들을 위해 이야기를 써야겠다는 생각이 들었습니다.

학원에 치이고 방문 학습에 치이고, 맞벌이 부모님은 이야기를 잘 들어주지도 못하니 '동화책 속에서라도 아이들의 목소리를 듣자. 보여주자.'라는 생각을 한 것이지요.

그래요. 이 동화는 바로 여러분을 위해서 쓰여진 선물입니다. 주인공 '변덕꾸러기 오변덕'의 모습 또한 여러분을 닮거나 여러분 친구들을 쏙 빼닮았을 거예요.

엄마 아빠와 함께 모여서 책을 읽어보세요. 책을 덮고 난 뒤에 여러분의 고민도 살짝 이야기 해보세요. 틀림없이 부모님이 여러분의 고민을 해결해 주실 거예요. 왜냐구요? 말이 통하면 마음이 움직이고, 마음이 움직이면 표정 없는 바위도 웃게 할 수 있거든요.

자, 이제 우리 책을 펴고 '변덕'이와 함께 모험을 떠나볼까요?

차례

제1부
내 맘대로 다 할래! __11

제2부
이상한 할머니 __47

제3부

나가고 말거야 _기

등장인물

마법카드

- **이름** 오변덕
- **전투력** ★★★
- **특징** 하고 싶은 것이 많지만 오래 가지 않는다. 친구 '호석'이네 집으로 놀러가다가 마귀할멈의 꾀임에 빠져 낡은 집에 갇힌다.

마법카드

- **이름** 엄마
- **전투력** ★★★
- **특징** 바빠서 집에 늦게 들어온다. 아들 변덕이에게 미안한 마음이 있어 변덕이가 해달라는 것은 되도록 다 해주려고 노력한다.

마법카드

이름 다혜
전투력 ★★
특징 변덕이가 제일 좋아하는 짝꿍. 얼굴이 예쁘장하고 공부도 잘 해서 반 친구들에게 인기가 많다.

마법카드

이름 빡빡이
전투력 ★★
특징 머리는 작지만 아이큐는 무지 높다. 낡은 집에 갇혀 우물쭈물하는 변덕이에게 집을 탈출하는 방법을 알려 준다.

마법카드

이름 마귀할멈
전투력 ★★★★★
특징 오변덕을 놀래켜주기 위해 등장하는 요정 할머니. 일부러 벽덕이에게 지독하게 굴어 변덕이의 잘못을 깨우쳐준다.

제1부

내 맘대로 다 할래!

"앞차기!"
"오변덕, 엄마 아파!"

변덕이는 엄마의 엉덩이를 계속해서 발로 찼습니다.

"봐, 나 발차기 잘하지! 그러니까 태권도장 보내줘~."

변덕이는 포기하지 않고 엄마의 뒤를 졸졸 쫓아다녔습니다. 참다못한 엄마는 고개를 휙 돌려 무섭게 쏘아봤습니다. 그제야 변덕이는 쭈뼛쭈뼛 거리며 뒤로 물러났습니다.

변덕이가 억지를 부리는 데도 이유는 있었습니다.

학교수업을 마치고 집으로 돌아왔을 때였습니다. 변덕이는 엄마가 차려놓은 밥상을 들고서 작은방으로 들어갔습니다. TV를 틀자 태권도복을 입은 형들이 멋진 발차기를 하는 장면이 나왔습니다.

'와~' 하는 감탄사가 저절로 튀어나왔습니다.

 멍하니 넋이 나간 채로 한참을 보고 있는데 갑자기 코끝이 욱신거렸습니다. 태권도 선수들의 발차기를 보느라고 밥숟가락이 입으로 들어가지 않고 코로 들어가도 몰랐던 겁니다.

변덕이도 조금만 배우면 똑같이 따라 할 수 있을 것 같았습니다. 그래서 책상 위로 올라갔습니다. 침대를 향해 날라차기도 해보고 벽을 뻥 차기도 했습니다.

와! 그런데 똑같이 되는 거예요. 그래서 엄마한테 태권도장에 보내달라고 부탁할 생각이었습니다.

때마침 엄마가 회사 일을 끝내고 집으로 돌아왔습니다.

"엄마아~ 응? 나 태권도 학원~."

변덕이는 계속해서 엄마의 치맛자락을 잡고 칭얼거렸습니다. 덕분에 엄마는 옷을 갈아입을 수조차 없었습니다. 엄마는 귀찮아 죽겠다는 듯이 인상을 찡그렸습니다.

"절대 안 돼."
"아, 엄마아아!"
"오변덕! 엄마 귀청 떨어지겠어!!"

엄마는 주먹으로 변덕이의 이마를 살짝 쥐어박았습니다. 그러자 변덕이의 두 눈에 그렁그렁 눈물이 맺혔습니다.

"울어도 소용없어. 지난 주 토요일만 해도 소방관이 되고 싶다고 했잖아! 네가 너무 떼쓰는 바람에 일요일에는 소방서에 갔었지? 그때 뭐라고 약속했어?"

변덕이는 입술을 삐죽거렸습니다.

"치…."
"너 진짜 혼날래?"

잔뜩 화가 난 엄마의 얼굴이 괴물처럼 변했습니다. 변덕이는 꿀 먹은 벙어리처럼 입을 쏙 다물었습니다.

사실 변덕이의 꿈이 자주 바뀌기는 해요. 심한 변덕쟁이거든요.

지난 주 금요일이었습니다.

소방관 아저씨가 학교로 와서 화재현장에서 하는 일에 대해 설명해 주었습니다.

변덕이는 목숨을 걸고 사람을 구한다는 말에 큰 감동을 받았습니다. 어깨도 떡 벌어지고 다리도 길어진 어른 변덕이가 불 속으로 뛰어들어가 아이들을 구출하는 상상을 하자 너무 너무 신났습니다.

그날 이후로 변덕이는 어떻게든 빨리 커서 소방관이 되고 싶었습니다. 토요일이 되자 집에 아무도 없는 틈을 타 소방연습을 해보기로 결심했습니다.

엄마가 회사에 출근하자마자 화장실로 뛰어들어갔습니다.

큰소리로 '불이야!'를 세 번 외치더니 갑자기 샤워기를 틀었습니다. 머리에는 분홍색 바가지를 뒤집어 쓰고 마치 소방관인 양 화장실 구석구석 물을 뿌렸습니다.

덕분에 집안은 홍수가 난 것처럼 물이 흥건했습니다. 거실 바닥도 냉장고 아래도 쇼파와 카페트까지 온통 물바다가 되었습니다.

한참을 그렇게 놀았습니다. 토요일이라 일찍 퇴근하신 엄마는 이 광경을 보고 무척 화를 내셨습니다.

"소방관이 되고 싶어!!"
"어머 얘 좀 봐. 우주인이 되고 싶다면서! 그래서 우주복 사달라고 했잖아."
"그땐 그때고 지금은 지금이야!"

엄마와 변덕이의 싸움은 거기서 끝나지 않았습니다. 저녁이 되어 아빠가 돌아올 때까지도 이어졌습니다. 항상 지켜보기만 하던 아빠도 이번에는 참을 수 없었던지 변덕이를 조용히 불렀습니다.

"오변덕. 무슨 일이든 겉만 보고 판단하면 안 돼. 화려해 보이는 일일수록 힘든 점이 더 많은 거야."
"한 번만 바꿀 거야!"
"그럼 아빠랑 약속해. 다시는 장래희망 안 바꿀 거지?"
"응."

　변덕이는 그날 분명히 약속했습니다. 손가락 도장도 두 번이나 찍었구요. 까칠까칠한 아빠 얼굴에 볼을 부비기도 했습니다.

　그러나 정확히 일주일 뒤 변덕이는 다시 고집을 피우기 시작했습니다. 여러분도 보시다시피 지금은 태권도 선수가 되고 싶다고 떼를 쓰고 있잖아요.

"오변덕, 변덕부리지 않겠다고 약속했지!"
"태권도오~! 태권도오~!"

변덕이는 제자리에서 깡총깡총 뛰며 소리 질렀습니다. 결국 제풀에 지쳤는지 엄마 치맛자락을 잡고 마룻바닥에 누워 버렸습니다. 그래도 엄마가 관심을 보이지 않자 뒹굴뒹굴 구르기까지 했습니다.

"으아~, 다닐 거야. 태권도장 보내줘~!."

변덕이는 입을 삐죽 내밀고 마구 떼를 썼습니다. 엄마는 식탁 의자 위에 털썩 앉았습니다. 하루종일 변덕이와 실랑이를 벌이자 너무 피곤했습니다. 엄마가 한숨을 푹 내쉬는 사이, 현관문이 열렸습니다.

"변덕아, 아빠 왔다."

아빠는 변덕이를 위해 치킨세트를 손에 들고 오셨습니다. 피로에 지친 엄마가 구세주처럼 나타난 아빠를 향해 입을 열었습니다.

"태권도 선수가 되고 싶대. 학원 보내 달래."
"아이고, 이번엔 또 태권도야?"

변덕이는 울음을 멈추고 아빠의 눈치를 살폈습니다. 아빠는 변덕이 쪽으로 걸어왔습니다. 변덕이는 심술이 나서 휙 돌아앉았습니다.

"나 태권도장 가고 싶은데…."
"또 금방 싫증낼 거잖아."
"아니야. 발차기 잘해서 금메달 딸 거야."
"금메달 따서 뭐하게?"
"아빠한테 걸어줄 거야."

심각했던 아빠의 얼굴에 미소가 번졌습니다.

외동 아들이 금메달 선물을 주겠다는 말에 차갑게 얼어붙었던 마음도 눈 녹듯 녹아버렸습니다. 부엌에서 김치찌개를 끓이던 엄마도 '피식' 웃어버렸습니다.

시간이 흘러 변덕이가 태권도장을 다닌 지 벌써 한 달이 지났습니다. 변덕이는 이제 노란띠에서 흰띠가 되었고, 주먹질과 발차기를 곧잘 할 수 있게 되었습니다. 반 친구들에게 자랑하고 싶은 마음이 굴뚝같았습니다. 아니, 무엇보다 짝꿍인 다혜에게 자신의 실력을 보여주고 싶었습니다.

다혜는 반에서 제일 인기가 많았거든요. 얼굴도 예쁘고, 공부도 잘하고, 목소리도 부드러웠습니다. 변덕이는 다혜의 눈치만 살피고 있었습니다.

수업 종이 울리고 선생님이 들어오셨습니다. 변덕이는 자꾸만 흘깃흘깃 다혜의 얼굴을 훔쳐봤습니다. 그런데 그 순간 선생님께서 말씀하셨습니다.

"선생님이 나눠주는 종이에 자신의 장래희망을 적어보고, 미래의 모습을 여백에 멋지게 그려서 제출하세요."

변덕이는 히죽 히죽 웃었습니다. 태권도복을 입고 멋지게 발차기를 하는 모습을 떠올리자 너무 기분이 좋았습니다. 게다가 다혜 앞에서 자랑까지 할 수 있다니 구름 위를 붕붕 떠다니는 것처럼 신이 났습니다.

앞줄에 앉은 돌머리 영태가 종이뭉치를 넘겼습니다. 변덕이는 다혜에게 종이 한 장을 넘겨주며 조심스레 물었습니다.

"다혜야. 넌 꿈이 뭐야?"
"시인."
"와! 너 시 쓸 줄 알아?"
"우리 아빠가 시인이거든. 난 아빠가 책상에 앉아서 시를 쓰는 모습이 제일 멋있어. 우리 아빠처럼 멋있는 시인하고 결혼할 거야."
"태권도 선수는 싫어?"

"응."

변덕이의 표정이 점점 어두워졌습니다. 너무 화가 나고 짜증이 나서 콧구멍이 벌렁벌렁 거렸습니다. 다혜가 옆에 없었더라면 책상에 엎어져서 큰 소리로 꺼이꺼이 울고 싶을 정도였습니다.

변덕이는 실망한 티를 내지 않기 위해 억지로 웃음을 보이고는 다혜를 슬쩍 넘겨봤습니다. 다혜의 종이 위에는 '장래희망 - 시인'이라고 적혀있었습니다. 변덕이는 잠시 고민하더니 태권도선수라고 적은 글자를 슥슥 지웠습니다. 그리고 다음과 같이 적었습니다.

'아주 **위대한** 시인'

변덕이는 '위대한'이라는 부분을 강조해서 아주 굵게 적었습니다. 그렇게 해야 다혜의 관심을 끌 수 있을 것 같았거든요.

"어머, 너도 꿈이 시인이야?"

변덕이의 종이를 슬쩍 본 다혜는 깜짝 놀랐습니다.

"응."

변덕이는 얼굴이 빨개지지 않게 꾹 참으며 짧게 대답했습니다.

"넌 요즘 무슨 시집 읽고 있어?"
"…."
"난 요즘 '산꽃마을 아이들'이란 동시집을 읽거든. 아빠가 추천해 주신 건데 너무 재밌다~."
"나, 난 그냥…."
"우리 아빠가 그러는데 책은 마음의 사과래. 많이 읽으면 읽을수록 더 예뻐진대."

변덕이는 책 이야기가 나오자 할 말이 없었습니다. 교과서를 제외하곤 읽은 책이 하나도 없으니까 그럴 수밖에요. 너무 창피해서 고개를 푹 숙이고 있었습니다.

다혜가 종알종알 말을 이어가자 꿀 먹은 벙어리처럼 침만 꼴깍 삼키고 고개만 끄덕였습니다.

다혜의 입에선 꽃향기가 나는 것 같았습니다. 웃을 때마다 예쁜 보조개도 생겼고요.

변덕이는 빨리 시집을 사서 다혜와 오래오래 대화하고 싶어졌습니다.

다혜는 어른이 돼서 시를 쓰는 자신의 모습을 흰 종이 위에 그려나갔습니다. 한참을 지켜보던 변덕이는 막상 그림을 그리려고 하자 아무것도 떠오르지 않았습니다. 시인이 뭘 하는 사람인지 정확히 모르니 그럴 수밖에요.

그 순간 변덕이는 색연필 쥔 손을 더욱 꼭 쥐며 다짐했습니다.

'그래! 결심 했어.'

학교 수업이 모두 끝났습니다. 변덕이는 크게 가슴을 내밀고 씩씩하게 집을 향해 걸어갔습니다. 변덕이가 으스대며 걷

는 데는 이유가 있었습니다. 오늘처럼 다혜랑 길게 대화를 나눈 적이 없었거든요. 동시집을 서로 바꿔 보기로 약속까지 했구요. 덕분에 장군이라도 된 것 마냥 기분이 들떴습니다.

변덕이는 집에 가서도 전혀 말썽을 부리지 않고 얌전히 책상 의자에 앉아 숙제를 했습니다. 그리고 엄마가 돌아오시기를 기다렸습니다.

'딩동 딩동!' 드디어 엄마가 돌아오셨습니다. 변덕이는 얼른 작은방에서 뛰어나와 엄마의 손을 덥석 잡았습니다. 그리고는 문 밖으로 엄마를 끌고 나갔습니다.

"오변덕. 왜 그래?"

엄마는 회사에서 일하던 정장도 갈아입지 못한 채 변덕이가 이끄는 대로 아파트 바로 앞 서점에 도착했습니다. 어리둥절한 표정을 짓고 있는 엄마와 다르게 변덕이는 신바람 난 얼굴이었습니다.

변덕이는 서점 안으로 후다닥 뛰어들어가더니 어린이 코너에서 이런저런 책들을 골랐습니다. 그리고 계산대 앞으로 걸어갔습니다. 계산대 뒤에는 파란색 원피스를 입은 직원아줌마가 두꺼운 안경을 만지작거리며 변덕이를 굽어보고 있었습니다.

"이거 다 살 거니?"
"응!"

변덕이가 당돌하게 대답하자 옆에서 지켜보고 있던 엄마의 눈이 더 휘둥그레졌습니다.

"갑자기 책은 왜? 집에도 사다놓고 안 보는 책들이 수두룩하잖아."

엄마는 답답하다는 듯이 말했습니다.

그러자 파란색 원피스를 입은 직원아줌마가 엄마를 향해 고개를 돌렸습니다.

"요즘 동시집을 저렴하게 팔고 있거든요. 시를 읽는 애들은 마음도 건강해요."

아줌마는 상냥하게 말했습니다. 그리고 기특하다는 듯이 변덕이의 머리를 쓰다듬었습니다.

변덕이는 엄마를 올려다보았습니다. 마치 빨리 사달라는 무언의 시위 같았습니다. 엄마는 난감하다는 표정을 짓고 있었습니다. 변덕이는 히죽거리며 웃었습니다.

"너 또 무슨 꿍꿍이야?"

엄마가 변덕이의 귀를 바짝 잡아당기며 귓속말을 했습니다. 변덕이는 잽싸게 엄마의 손에서 귀를 빼냈습니다.

"시인이 될 거니까 시집을 많이 읽어야 돼!"
"시인?"
"응! 다혜랑 같이 시인이 되기로 했어!"

"너, 태권도 선수가 되고 싶다면서."

엄마는 기가 막혔습니다. 얼굴도 도깨비처럼 무섭게 변했습니다. 하나밖에 없는 아들 녀석이 끈기는 없고 늘 변덕만 부리니 화가 날 수밖에요. 변덕이는 엄마의 눈치를 슬슬 살피다가 바닥에 주저앉았습니다. 그리고는 억지로 눈물을 짜내기 시작했습니다.

"몰라. 사줘! 으아앙~!!"

변덕이가 크게 울음을 터뜨리자, 서점 안의 모든 사람들의 시선이 카운터로 향했습니다. 창피해서 얼굴이 빨개진 엄마는 변덕이를 번쩍 안아 일으켜 세웠습니다.

"얼른 뚝 안 그쳐?!"

엄마는 식은땀을 흘리며 주변을 두리번거렸습니다. 동네 아줌마들이 혹시 알아볼까봐 겁이 났거든요. 변덕이는 엄마

가 곤란해 한다는 것을 눈치 채고 있었습니다. 기회는 이때다 싶어 발버둥을 치며 더욱 심하게 떼를 썼습니다.

"사줘, 사줘, 사줘~!"

변덕이의 악쓰는 소리가 더 커지자, 직원 아줌마가 말했습니다.

"그러지 말고 한번 사줘 봐요~. 애가 기특하게 시인이 되고 싶다고 하잖아요."

'후유~' 엄마가 한숨을 길게 내쉬었습니다. 엄마는 작은 손가방에서 지갑을 꺼냈습니다. 그리고는 고개를 가로 젓더니 한 마디 툭 내뱉었습니다.

"아휴, 내가 정말 너 때문에 못 산다."

결국 변덕이는 동시집을 얻었습니다. 눈물 콧물로 범벅이 된 얼굴로 싱글벙글 웃으며 책을 꼭 안고 집으로 돌아왔습니다.

늦은 저녁에 아빠가 퇴근하고 돌아오자 조금 꾸중을 듣긴 했지만 아빠는 크게 나무라진 않았습니다.

변덕이는 그날 밤, 너무 기쁜 나머지 시집 한 권을 품에 꼭 끌어안고 잠이 들었답니다.

며칠이 더 지났습니다. 그 사이 몇 차례 비가 왔고요. 하늘에는 잠자리 숫자가 부쩍 늘었습니다.

아침저녁으로 바람이 제법 쌀쌀한 게
이제 가을이 된 거예요. 하지만 변덕이
는 여전히 시인이 되고 싶었답니다.

학교 가기 전날 밤에는 꼭 시집을 읽었어요. 학교에서는 다혜와 함께 새로 쓴 시에 대해서 이야기를 나눴습니다.

시집을 읽는 게 무척 따분하고 지루했지만 다혜에게 잘 보이기 위해서 꾹 참은 거예요.

물론 다른 남자아이들처럼 밖에 나가서 축구도 하면서 뛰어 놀고 싶었습니다. 하지만 다혜를 포기할 수는 없었어요.

오늘도 변덕이는 쉬는 시간에 시집을 읽었습니다. 하지만 자꾸 눈이 감겼습니다. 다혜가 교실로 들어오자 하품이 터져 나오는 것도 꾹 참고 눈을 크게 떴습니다. 변덕이는 다혜와 실컷 수다를 떨었습니다.

집으로 돌아와서는 다혜가 빌려준 시집을 읽다가 입을 쩍 벌리고 하품을 했습니다. 슬슬 지루해지기 시작했습니다.

"짜증 나. 다혜도 없으니까 그냥 덮자~."

　　변덕이는 자리에서 벌떡 일어나 거실로 나갔습니다. 친구 호석이에게 전화를 걸어서 같이 놀자고 말했습니다. 다행히 호석이는 '집으로 놀러와'라고 대답했습니다.

변덕이는 신이 나서 전화를 끊자마자 집 밖으로 뛰어나갔습니다.

제 2 부

이상한 할머니

호석이네 집은 아파트 단지 사거리를 지나 언덕 위로 한참 올라가야 했습니다. 변덕이가 횡단보도를 지나 오르막길로 한참 올라서고 있는데 '우르릉 쾅쾅' 천둥번개가 치더니 장대비가 쏟아지기 시작했습니다.

변덕이는 발걸음을 멈추고 작은 구멍가게 지붕 밑으로 숨었습니다. 고개를 들어 하늘을 보자 검은 구름이 가득 하늘을 덮고 있었습니다.

"애야, 우산이 없니?"

어디선가 낯선 목소리가 들렸습니다. 변덕이는 소리나는 방향을 향해 고개를 들었습니다. 검은색 선글라스를 끼고 꽃무늬 우산을 들고 있는 멋쟁이 할머니가 뒤에 서 있었습니다.

"할미랑 같이 갈까?"
"엄마가 모르는 사람 집에 가지 말랬거든요?!"
"할미 집에 가면 맛있는 과자랑 통닭도 있고, 재밌는 게임기도 많은데, 그래도 가지 않을래?"

찡그렸던 변덕이의 얼굴이 서서히 펴졌습니다. 할머니는 생각보다 고약한 인상은 아니었습니다. 킁킁 코를 벌름거리며 냄새도 맡아 보았지만 악취도 나지 않았어요.

그때 뱃속 시계가 꼬르르륵 울렸습니다. 호석이네 집에서 떡볶이를 만들어 먹을 생각으로 아무것도 먹지 않았거든요. 변덕이는 갈등했습니다. 과자와 통닭도 먹고 싶었고 할머니한테 게임기를 빌려서 호석이네 집에 가면 재미있게 놀 수 있을 것 같았습니다.

변덕이는 큰 인심이나 쓴다는 듯 입을 열었습니다.

"할머니. 그럼 내가 조금만 놀아줄게."

변덕이는 약간 거만한 표정을 지어보였습니다. 할머니는 변덕이의 머리를 살살 쓰다듬었습니다. 쭈글쭈글한 입술 사이로 금이빨 한 개가 반짝거렸습니다.

변덕이는 할머니를 따라 거미줄처럼 구불구불하게 이어진 길을 걷기 시작했습니다. 힘든 것도 꾹 참고 언덕길을 계속 올라갔어요.

시간이 지날수록 폐허가 된 집들이 자주 눈에 띄었습니다. 꽤 시간이 흘러 슬쩍 뒤를 돌아보자 호석이네 집 파란색 지붕은 이미 멀찌감치 떨어져 있었습니다.

주변에는 무너진 담벼락만이 변덕이를 둘러싸고 있었어요. 그런데 참 이상한 것은 한참을 걸었는데도 뒷산 약수터 입구에 있는 할머니의 집은 가까워지지 않는 것이었어요.

"할머니, 얼마나 더 걸어야 돼?"

변덕이는 너무 지쳐버렸습니다. 다리를 움직일 수 없을 정도로 힘이 들어서 주저앉고 싶었습니다. 입속에서 쓴 침도 자꾸 나왔고요.

하지만 할머니는 대답해주지 않았습니다. 오히려 거칠고 투박한 손으로 변덕이의 손을 더욱 세게 잡아당겼습니다.

몇 번인가 뿌리치려고 했지만 여덟 살 꼬마의 힘으로는 역

부족이었습니다. 변덕이는 하는 수없이 할머니 손에 이끌려 질질 끌려갔습니다.

변덕이는 더 이상 참을 수가 없었습니다. 게임기도 맛있는 과자도 몽땅 포기하고 집으로 돌아가야겠다고 마음먹었습니다. 하지만 입을 뗄 수가 없었어요. '나 집에 갈래.'라고 말하려는 순간 할머니가 무시무시한 눈초리로 쏘아보았거든요.

드디어 할머니 집에 도착했습니다. 삼각형 모양에다가 낡은 교회 같기도 한 이상한 건물이었습니다.

"짝짝!! 입을 벌려라. 주인님 오셨다."

할머니가 손뼉을 쳤습니다. 그러자 가시처럼 뾰족뾰족 솟은 철제장식이 달린 대문이 스르르 열렸습니다.

순간 변덕이의 팔에 소름이 돋았습니다. 할머니의 목소리가 마귀할멈의 그것처럼 으스스 했거든요.

할머니는 오변덕의 손목을 꽉 잡고 거칠게 끌고 들어갔습니다.

마당을 가득 채운 어른 키만 한 잡초들과 방귀 냄새가 풍기는 꽃들을 가로질러 계단을 올라갔습니다.

그러자 또 신기한 일이 생겼습니다. 할머니가 녹슨 현관문을 밀기도 전에 또 문이 저절로 열린 거예요.

"들어가지 않고 뭐 하냐, 변덕쟁이 꼬마야."

뻥!! 할머니는 변덕이의 엉덩이를 걷어찼습니다. 변덕이는 다람쥐처럼 데굴데굴 굴러 붉은 카페트가 깔린 거실바닥 위로 넘어졌습니다.

스르르 반쯤 열렸던 현관문이 닫히기 시작했습니다. 손을 뻗어 열어보려고 했지만 이미 늦었습니다. 문틈으로 보이던 하늘도 문이 닫힘과 동시에 사라져버렸습니다.

거실복도에는 온통 어둠뿐이었습니다.

변덕이는 등 뒤로 꾸물꾸물 바퀴벌레가 기어가는 게 느껴졌습니다. 알 수 없는 두려움에 휩싸인 변덕이는 심장이 터질 듯이 '쿵쾅쿵쾅' 뛰었습니다.

'짝짝!'

할머니가 손뼉을 치자 거실바닥이 갑자기 밝아졌습니다. 변덕이는 너무 눈이 부셔서 한 손으로 이마를 가렸습니다. 거실 천장에 매달린 수정등이 빛을 쏟아내고 있었습니다.

할머니는 귀찮다는 듯이 선글라스를 휙 집어던졌습니다. 그러자 부리부리한 두 눈이 드러났습니다.

할멈은 거실 벽으로 성큼성큼 걸어가더니 서랍장 위에서 티슈를 꺼냈습니다.

슥슥 얼굴을 닦아내자 도깨비처럼 무서운 얼굴이 드러났습니다.

변덕이는 멍하니 놀란 표정을 짓고 할머니를 쳐다봤습니다.

"언제까지 그렇게 누워있을 거냐. 게으름뱅이야."

할머니는 변덕이에게 슬리퍼 두 짝을 집어던지고 소리쳤습니다. 상냥하던 할머니의 모습은 사라지고 없었습니다. 공포영화를 볼 때처럼 으스스한 목소리 때문에 너무 무서웠습니다. 그런데 창피하게도 배에서 '꼬르륵' 배꼽시계가 울렸습니다.

"킬킬. 저쪽 식탁에 쿠키가 있을 테니 그거라도 먹어라."

변덕이는 할머니의 눈치를 살피며 엉금엉금 식탁으로 기어갔습니다.

식탁 위에는 파란 곰팡이가 피어오른 쿠키가 있었습니다. 할머니가 먹다 흘린 것 같은 김치 국물과 음식찌꺼기들이 식탁 위에는 덕지덕지 붙어 있었고요. 게다가 파리까지 윙윙 시끄럽게 날아다니고 있었습니다.

'꼬르륵' 변덕이의 배에서 배꼽시계가 또 울렸습니다. 하는 수 없이 쿠키를 집어 들었습니다. 더러운 쿠키 사이에 깨끗한 것도 하나 있었거든요.

쿠키 위에 앉아있던 파리가 한동안 변덕이를 쏘아보더니 윙하고 날아갔습니다. 변덕이는 가장 깨끗한 쿠키를 손에 집어 들고 한참 동안을 망설이다가 입으로 쏙 넣었습니다.

"우웩! 써!"

변덕이는 혀 끝에 쓴 맛이 더 퍼지기 전에 얼른 쿠키를 뱉었습니다. 감기약보다 더 쓴 것 같았습니다. 변덕이는 먹는 것을 포기하고는 등 뒤쪽으로 고개를 돌렸습니다.

할머니는 소파에 몸을 누이고는 꾸벅꾸벅 졸고 있었습니다.

"할머니. 쿠키 말고 먹을 거 없어요?"

변덕이는 입술을 살짝 내밀고 조심스럽게 물어봤습니다. 할머니는 손등으로 두 눈을 부비더니 가늘게 치켜떴습니다.

"왜? 쿠키가 맘에 안 드냐?"

할머니가 변덕이를 쏘아봤습니다. 쭉 찢어진 할머니의 눈 속에 겁에 질려 부들부들 떨고 있는 변덕이의 모습이 보였습니다. 변덕이는 두 눈을 질끈 감고 소리쳤습니다.

"집에 갈래! 우산이나 빌려줘요!!"

할머니가 가만히 변덕이를 쳐다보고 아무런 대꾸도 하지 않자 용기를 내서 한번 더 소리쳤습니다.

"맛있는 과자랑 재밌는 게임기 있다고 해놓고! 이게 뭐에요!! 나 갈 거야!"

변덕이는 씩씩거리며 현관문을 향해 걸어갔습니다. 하지만 무서워서 뒤는 돌아볼 수 없었습니다.

드디어 신발장 앞에 도착했습니다. 신발장 세 번째 칸에서 운동화를 꺼냈습니다. 슬리퍼를 운동화로 갈아 신고 힘차게 현관문 손잡이를 돌렸습니다. 그러나 꿈쩍도 하지 않았습니다.

'철컥, 철컥.'
양손으로 녹슨 손잡이를 꼭 잡고 이리저리 돌려보고 발로 차도 손가락 하나만큼도 열리지 않았습니다. 변덕이의 표정이 점점 울상으로 변했습니다.

'낄낄낄.'
뒤에서 할머니의 웃음소리가 들렸습니다.

할머니는 변덕이를 향해 천천히 다가왔습니다. 질질 슬리퍼를 끄는 소리가 가까워지자 변덕이의 온몸에 소름이 돋았습니다. 할머니의 웃음소리가 너무 무서워서 오줌을 쌀 것 같았습니다. 할머니가 변덕이의 목덜미를 꽉 잡았습니다.

"이 집은 한번 들어오면 나갈 수가 없다. 낄낄. 왜냐하면 이 집은 변덕쟁이를 싫어하거든."

할머니는 갈고리처럼 가늘고 긴 손가락으로 천장을 가리키며 말했습니다.

"변덕쟁이들은 늘 말썽을 부리지. 반성할 줄도 모르고 뻔뻔해. 이 집이 너를 감시할 거다. 넌 이제부터 내 노예야."

덜덜덜.
변덕이는 사시나무 떨듯이 벌벌 떨었습니다. 더럽고 냄새 나는 집에서 평생 살아야 할 바엔 죽는 게 나을지도 모르겠다는 생각마저 들었습니다.

어떻게 위기를 벗어날까 고민하다가 갑자기 떠오른 생각이 있었습니다. '맞아, 나에겐 태권도가 있지!'

"에잇!!"

변덕이는 두 눈을 질끈 감고 오른발을 쭉 뻗었습니다. 하지만 야심차게 시도한 발차기는 실패했습니다. 방향을 잘못 잡는 바람에 할머니가 아니라 벽을 발로 차버렸거든요.

"이 녀석!! 감히 어딜!"

할머니가 버럭 소리를 질렀습니다. 깜짝 놀란 변덕이는 잔뜩 움츠러들었습니다. 할머니는 가늘고 긴 손가락으로 변덕이를 번쩍 들어 소파 위로 휙 던졌습니다.

"벌이다. 내가 한숨 잘 동안 깨끗이 치워놔!"

할머니는 하품을 길게 하더니 이층 계단 위로 올라갔습니다. 변덕이는 일층 거실을 살펴봤습니다. 깨끗한 곳이 하나도 없었습니다. 부엌 싱크대에는 냄새 나는 그릇과 접시들로 가득했고 냉장고와 가구들에는 거미줄이 잔뜩 끼어 있었습니다.
하아~.
변덕이는 길게 한숨을 내쉬더니 슬픈 눈으로 창밖을 바라봤습니다.

하늘은 여전히 어두웠습니다. 비는 추적추적 내리고 있었고요. 파란색 지붕 집들은 너무 멀어서 점처럼 보였습니다. 아무리 여기서 소리를 질러봤자 호석이네 집까지는 들릴 것 같지 않았습니다. 시간이 얼마나 흘렀는지도 알 수 없었습니다. 이상하게도 할머니의 집에는 시계가 보이지 않았습니다.

변덕이는 결국 자리에서 일어나 여기저기 널려있는 할머니의 옷들을 정리하기 시작했습니다. 개똥처럼 구역질나는 냄새가 났지만 차곡차곡 잘 개서 정리했습니다. 무척 집에 가고 싶었거든요.

옷들을 반 정도 정리했을 무렵 이층 계단에서 쿵쾅거리며 할머니가 내려왔습니다. 변덕이는 깜짝 놀라서 그쪽을 쳐다봤습니다. 할머니는 입을 크게 벌려 썩은 냄새가 나는 하품을 하고는 소리쳤습니다.

"아직도 못 치우다니."

변덕이는 너무 억울했습니다. 열심히 일했다고 말하려는 순간 할머니는 변덕이의 말을 싹둑 잘라먹고는 다시 잔소리를 시작했습니다.

"싹 다 치우고 자라. 그리고 내일 아침 일찍 일어나서 밥을 하도록 해."

할머니는 다시 이층 계단 위로 쏙 올라가 버렸습니다. 할머니의 뒷모습이 눈앞에서 완전히 사라지자 변덕이의 눈에는 눈물이 그렁그렁 맺혔습니다.

"흑, 억울해! 내가 뭘 어쨌다고…."

변덕이는 아빠 엄마가 보고 싶었습니다. 호석이도 보고 싶었습니다. 그중에서도 가장 보고 싶은 건 다혜였습니다. 보조개가 쏙 들어간 다혜의 예쁜 얼굴을 떠올리자 눈물이 뚝뚝 떨어졌습니다.

변덕이는 고개를 푹 숙이고 비실비실 싱크대로 걸어갔습니다. 주방용 세제를 덜어내서 접시에 묻히고 빡빡 닦았습니다. 시커먼 때가 묻은 컵도 닦고 숟가락도 닦았습니다.

몇 시간을 일했는지 몰라요. 그동안 산처럼 쌓여있던 설거지거리들을 모두 해치웠습니다.

굽었던 허리를 펴고 기지개를 켰습니다. 온몸 이곳저곳 안 쑤시는 곳이 없었습니다. 갑자기 졸음은 쏟아졌고요. 변덕이는 소파 곁으로 엉금엉금 기어가더니 푹 쓰러져 버렸습니다.

제 3 부

나가고 말거야!

"일어나, 이 녀석아."

누군가 변덕이를 흔들어 깨우고 있었습니다.

"쓸모없는 녀석. 꼴도 보기 싫다. 저리 가서 무릎 꿇고 손 들고 있어!"

변덕이는 할머니가 가리키는 구석으로 가서 무릎을 꿇고 손을 들었습니다.

할머니는 밥을 차리면서 계속해서 변덕이를 구박했습니다. 그사이 할머니는 다시 꾸벅꾸벅 졸았습니다. 할머니는 잠꼬대처럼 입을 반쯤 벌리고 중얼거렸습니다.

"음. 너 같은 변덕쟁이 녀석은 아무도 필요로 하지 않아, 멍청한 녀석아."

변덕이는 무척 서러웠습니다. 눈물이 줄줄 흐를 것 같았지만 크게 울면 구박당할 것 같아서 꾹 눌러 참았습니다.

팔이 저렸습니다. 변덕이는 할머니 눈치를 살피고는 슬그머니 팔을 내렸습니다. 훌쩍이며 아픈 팔을 주물렀습니다. 그때 할머니의 옆구리에 눈에 띄는 게 있었습니다. 그건 황금색 열쇠였습니다.

변덕이는 까치발을 하고는 슬그머니 할머니 옆으로 다가갔습니다. 엄마 몰래 나쁜 짓을 할 때처럼 심장이 두근두근거렸습니다.

침을 꿀꺽 삼키고는 황금 열쇠꾸러미를 향해 손을 뻗었습니다. 그때였습니다. 할머니가 실눈을 살짝 뜨고 말했습니다.

"뭐하냐? 꼬마야!"

변덕이는 말을 잇지 못하고 머뭇거리다가 벌떡 일어나 소리쳤습니다.

"이층 청소해야 되는데 열쇠가 없습니다!"

"오호~ 웬일이냐 게으름뱅이가."

"앞으로 여기 살아야 되니까 열심히 청소하려고요."

물끄러미 변덕이를 노려보던 할머니는 갑자기 크게 웃었습니다.

"그래, 잘 생각했다. 옛다 이층 방 열쇠다."

할머니는 둥그런 열쇠꾸러미에서 끝이 구름모양인 열쇠 한 개를 꺼냈습니다. 변덕이는 열쇠를 받아들고는 도망치듯 이층계단 위로 뛰어올라갔습니다.

후유….

변덕이는 이층 복도 벽에 기대어 안도의 숨을 내쉬었습니다. 할머니한테 속마음을 들킬까 봐 겁이 났거든요. 후다닥 화장실로 뛰어가 세숫대야에 물을 받고 대걸레를 들고 왔습니다.

"으악! 차가워!"

발밑에서 이상한 소리가 들렸습니다. 변덕이는 대걸레질을 멈추고 고개를 숙였습니다.

"야, 건방진 꼬마야! 내 머리가 다 젖었잖아."

그곳에는 손바닥만큼 작고 하얀 물체가 서 있었습니다. 회색 털에 툭 튀어나온 앞니로 보아 쥐가 틀림없었습니다.

한 가지 이상한 점은 빨간색 축구선수 유니폼을 입고 사람처럼 말을 한다는 것이었습니다.

"흥, 예의를 모르는 꼬마로군."

변덕이는 그제야 고개를 꾸벅 숙이며 회색 쥐에게 사과했습니다.

"미안해."
"괜찮아. 다행히 다친 데는 없으니까. 그나저나 넌 못 보던 녀석인데 청소부로 고용된 거냐?"

"아니, 난 속아서 잡혀온 거야."

쥐는 고개를 절레절레 저으며 혀를 찼습니다.

"쯧쯧, 도깨비할멈이 또 사기를 쳤구만.
 나는 이 집 주인 빡빡이라고 한다."
"정말 주인이야?"
"응. 도깨비할멈이 오기 전까지는 내가 주인이었지 뭐. 그래도 상관없어. 할멈이 외출할 때는 다시 내 집이 되니까."

빡빡이는 배를 쑥 내밀고 거드름을 피우며 말했습니다. 그리고 따라오라는 듯 손짓을 하더니 계단 옆 첫 번째 방으로 쏙 들어갔습니다.

변덕이가 뒤따라 들어가자 빡빡이는 서재 위로 폴짝폴짝 뛰어올라갔습니다.

"너 이 집을 나가고 싶지? 내가 도와줄게."

변덕이는 크게 고개를 끄덕였습니다. 그런데 한 가지 의문점이 생겼습니다.

"왜 나가도록 도와주는 건데?"
"네가 도망치면 도깨비할멈도 널 찾기 위해 쫓아갈 테니까 이 집은 다시 내 것이 되잖아. 너도 좋고 나도 좋고 우리 둘 다 좋은 거지."
"아. 좋다. 이제 나가는 방법을 알려줘."

빡빡이는 엄청난 비밀이라도 알려준다는 듯 '큼큼' 헛기침을 하며 거드름을 피웠습니다.

"할멈이 잠에서 자주 깨는 건 불안하기 때문이야. 워낙 변덕이 심해서 좀처럼 만족을 못하거든. 그러니까 한 가지라도 마음에 쏙 들게 행동하면 널 구박 안 할 거야. 할멈이 안심하고 깊게 잠들 때 열쇠를 훔쳐서 달아나."

"하지만 나는 잘하는 게 없는 걸?"

변덕이는 태권도 배우는 것을 그만두고 시집 읽는 것도 멈춘 것을 후회했습니다. 하지만 이미 돌이키기에는 너무 늦었습니다. 다시 과거로 돌아갈 수는 없으니까요.

"괜찮아. 이제부터 찾으면 되니까."

빡빡이는 책들 사이를 폴짝폴짝 뛰어다니다가 녹색 표지로 장식된 책 앞에서 갑자기 멈춰섰습니다.

"아, 여기 있다."

빡빡이는 양손을 벌려 책 한 권을 힘들게 꺼냈습니다. '쿵!' 뿌옇게 쌓인 먼지가 공기 중으로 퍼졌습니다.

책표지에는 세상에서 가장 위대한 요리사가 되는 법이라고 적혀 있었습니다.

"요리책이잖아. 난 요리 못해."

변덕이는 실망스러운 눈빛으로 회색 쥐를 쳐다봤습니다. 빡빡이는 곤란하다는 듯 한 손으로 머리를 긁적였습니다. 그리고 요리책 옆에 털썩 주저앉았습니다.

"너 같은 애를 예전에도 본 적이 있지. 그 애도 지독한 변덕쟁이였어. 뭐든지 못하겠다고 하고 또 금방 싫증 냈거든. 그래서 어떻게 됐냐고?"

빡빡이는 한 손가락으로 서재를 톡톡 치며 말했습니다.

"집이 돼버렸어."
"진짜?"
"그래. 낡은 벽 속으로 흡수돼 버렸어. 영원히 갇혀버린 거지. 밤이 되면 목소리가 들릴 걸. 집에 가고 싶어~, 집에 가고 싶어~."

빡빡이는 두 손을 앞으로 쭉 뻗고 귀신 흉내를 냈습니다. 변덕이는 온몸에 소름이 쫙 돋았습니다. 지하실 깊은 곳에서 신음하는 아이들의 영혼이 자꾸 떠올라 너무 끔찍했습니다.

"할래. 요리 할래. 싫증 내지 않고 노력할게."

변덕이는 엉겁결에 그렇게 말하고는 자리에서 벌떡 일어났습니다. 끝까지 노력하겠다는 말에 스스로도 놀랐습니다. 여태까지 한 번도 그런 적이 없었으니까요. 그만큼 절실했고 간절했습니다.

도깨비할멈은 아직도 잠에 푹 빠져있었습니다. 게다가 코를 크게 골고 있어서 무척 시끄러웠습니다. 변덕이는 마귀할멈이 깨지 않도록 까치발을 들고 부엌으로 걸어갔습니다.

싱크대 위에 요리책을 펴놓고 읽었습니다.

"지금 뭐하고 있는 게냐?"

갑자기 뒤쪽에서 도깨비할멈의 목소리가 들렸습니다. 변덕이는 흠칫 놀라서 돌처럼 굳어버렸습니다.

"호오? 요리를 해보려고?"

도깨비할멈은 변덕이가 들고 있는 책을 빼앗았습니다. 몇 번 스윽 훑어보더니 책을 덮고 다시 건넸습니다.

"재료는 많이 있으니까 어디 해봐라. 그래봤자 재료 낭비만 되겠지만."

도깨비할멈은 낄낄거리며 비웃었습니다. 그러나 변덕이는 포기하지 않았습니다. 되려 할멈의 빈정거림 때문에 잘해야겠다는 오기가 생겼습니다. 할멈은 소파에 기대어 다시 잠이 들었습니다.

변덕이는 냉장고에서 빵가루를 꺼냈습니다. 책에서 읽은 대로 물을 붓고 비벼서 열심히 반죽을 만들었습니다. 오븐에 반죽덩이를 넣고는 한참을 기다렸습니다.

고소한 냄새가 퍼지기 시작하자 뚜껑을 열었습니다. 그러자 먹기 좋게 구워진 케이크가 보였습니다. 그 위에 생크림을 얹고 냉장고에서 싱싱한 과일을 꺼내 장식했습니다.

냉장고 위에서는 회색 쥐가 지켜보고 있었습니다. 빡빡이는 오븐 위로 폴짝 뛰어내렸습니다.

"우와!! 최고다!! 진짜 맛있어!"

빡빡이는 케이크를 한입 크게 베어 물고는 소리쳤습니다.

"냠냠. 훌륭해! 일류요리사나 다름없어~."

빡빡이는 큰소리로 호들갑을 떨었습니다. 변덕이는 할머니가 잠에서 깰까 봐 은근히 걱정됐습니다. 하지만 빡빡이가 칭찬해준 덕분에 기뻤습니다. 스스로 대견스러워 보이기까지 했으니까요.

"왜 이렇게 시끄럽냐?"

슬리퍼를 질질 끌며 누군가 다가오는 소리가 들렸습니다. 발자국 소리가 점점 커지자 변덕이는 긴장한 듯 마른침을 꿀꺽 삼켰습니다. 혹시나 할머니 마음에 들지 않으면 어쩌나 하고 걱정이 생겼거든요.

"배가 고프구나. 그거라도 내놔."

할머니는 변덕이한테서 접시를 빼앗더니 케이크를 마구 집어 먹었습니다. 변덕이도 냉장고 밑에 숨어있던 빡빡이도 숨을 죽이며 할머니를 관찰했습니다.

할머니는 접시에 묻은 크림 한 조각까지 남김없이 핥아먹더니 트림을 길게 내뱉었습니다.

'커흑….'

할머니가 만족스럽게 식사를 마치자 변덕이는 너무 기뻐서 제자리에서 폴짝 뛰었습니다. 빡빡이도 신이 난 듯 짱구춤을 추며 같이 기뻐해주었습니다. 그런데 할머니의 입에서 뜻밖의 말이 튀어나왔습니다.

"어이쿠. 이거 똥 맛이네."

변덕이는 할머니의 말 때문에 화가 머리끝까지 솟구쳤습니다. 방금 전까지 아주 맛있게 먹어놓고서 똥 맛이라고 말하다니 너무 심한 거짓말이라는 생각이 들었거든요.

당장이라도 할머니한테 달려가 씩씩거리며 따지고 싶었지만 용기가 없어서 그렇게 하지 못했습니다.

"쓸모없는 녀석. 청소나 해."

할머니는 커다란 엉덩이를 씰룩거리며 이층 계단 위로 사라졌습니다. 변덕이는 부엌바닥 위로 '콰당' 눕더니 발버둥을 치며 굴렀습니다. 너무 화가 나서 이렇게라도 분풀이를 하지 않으면 머리가 '뻥'하고 터질 것만 같았거든요.

한참을 울고 나서야 마음이 조금 진정되었습니다. 모든 걸 포기하고 싶은 마음이 굴뚝같았습니다.

빡빡이는 변덕이의 눈치를 슬슬 보더니 살금살금 다가왔습니다.

"오변덕. 너 포기할 거지?"

빡빡이가 변덕이의 옆구리를 콕콕 찌르며 말했습니다.

변덕이는 고개를 옆으로 숙여 빡빡이를 쳐다보면서 몇 번인가 두 눈을 껌뻑이더니 천천히 입을 열었습니다.

"아니."

변덕이는 힘차게 고개를 가로저으며 다시 말했습니다.

"난 절대 포기하지 않아. 나 자신하고 한 약속이니까 꼭 지킬 거야."

변덕이가 말을 마치자 가만히 옆에서 듣고 있던 빡빡이는 긴 콧수염을 만지작거리다가 자리에서 벌떡 일어섰습니다. 그리고는 깡충깡충 싱크대 위로 뛰어올라가서 밀가루 봉지를 양손으로 힘껏 벌렸습니다.

"나도 옆에서 도와줄게! 다시 시작하자. 변덕아!"
"알았어. 이번에는 도깨비할멈이 두말하지 못하게 아주 맛있는 케이크를 만들자."

변덕이와 빡빡이는 사이좋게 도우며 케이크를 만들기 시

작했습니다. 변덕이가 밀가루 반죽을 만드는 사이 빡빡이는 냉장고에서 계란을 꺼내왔고, 둘 중에 한 명이 계란으로 거품을 만들면 그사이 다른 한 명은 크림재료로 쓸 초콜릿을 가져왔습니다.

  어느덧 창밖에는 해가 지고 있었습니다.
  저녁 먹을 때가 되자 변덕이와 빡빡이의 손길이 한층 빨라졌습니다. 완성된 케이크를 오븐에 넣고 기다렸습니다.

  잠시 후 오븐에서 달콤한 딸기향이 은은하게 퍼졌습니다. 케이크 위에 딸기시럽을 뿌리고 각종 과일 조각을 예쁘게 올려놓았습니다.

'뚜벅, 뚜벅.'

빨간색 뾰족구두를 신은 도깨비할멈이 이층 계단 아래로 내려오고 있었습니다. 한 손에 우산을 들고 향수까지 뿌린 것으로 보아 외출하려는 것이 틀림없었습니다.

"할머니. 케이크 좀 드세요."

변덕이는 할머니 앞으로 달려가서 접시를 내밀었습니다. 할머니는 인상을 찡그리며 귀찮다는 듯이 팔을 휘저었습니다.

"저리 가. 맛없는 케이크를 나한테 억지로 먹이려고?"
"이번에는 진짜예요. 믿어보세요."

한동안 침묵이 흘렀습니다. 도깨비 할머니는 가느다랗고 긴 손가락으로 케이크 한 조각을 집었습니다.

"좋다. 이번에도 맛없으면 혼날 줄 알아."

도깨비할멈은 쭈글쭈글한 입을 오물오물 움직이더니 케이크를 꿀꺽 삼켰습니다. 변덕이는 할머니의 얼굴도 똑바로 쳐다보지 못하고 발끝만 쳐다보고 있었습니다. 맛없다고 불평하면 어쩌나하는 걱정이 들었거든요.

회색 쥐도 냉장고 밑으로 쏙 들어가서 할멈의 표정을 살피고 있었습니다.

"먹을만하군."

할멈은 작은 접시 위에 담겨있던 케이크를 모두 먹어치우더니 오븐 가까이로 걸어갔습니다. 그러더니 큰 접시 위에 담겨있던 케이크를 몽땅 먹어치웠습니다. 할멈은 손가락에 묻은 크림까지 쪽쪽 빨아먹고는 천천히 입을 열었습니다.
"아 배부르다. 이번엔 꽤 먹을 만 해."

변덕이는 '야호!' 크게 소리치고 싶었습니다. 하지만 겉으로 드러낼 수는 없었습니다. 너무 좋아하는 티를 냈다가는 도망칠 계획을 눈치 챌 수도 있으니까요.

도깨비할멈은 잔뜩 불룩해진 배를 붙잡고 거실 바닥 위에 벌렁 누웠습니다. 잠시 후 '드르렁 드르렁' 코를 골며 깊은 잠에 빠졌습니다.

변덕이는 살그머니 다가가서 쿡쿡 찔러보았습니다. 하지만 할멈은 움직이지 않았습니다.

변덕이는 이때다 싶어 황금열쇠 꾸러미를 손에 집었습니다. 냉장고 밑에 숨어있던 빡빡이도 쪼르르 달려 나와 변덕이를 응원했습니다.

"빨리 뛰어. 오변덕!"

변덕이는 현관문 앞으로 다람쥐처럼 쪼르르 달려갔습니다. 하지만 문을 여는 게 생각보다 쉽지 않았어요. 열쇠꾸러미에는 너무 많은 열쇠가 달려있어서 구멍을 맞추는 게 어려웠거든요.

'우르르 쾅쾅.'

그때였습니다. 거실의 오래된 가구들이 시끄럽게 서로 부딪치며 몸을 떨었습니다. 도깨비할멈을 잠에서 깨우려고 발버둥치는 것이었습니다.

변덕이는 마음을 졸이며 거실 바닥에 쓰러진 할머니를 쳐다보았지만 다행히도 깨어나지 않았습니다.

'철컥!'
드디어 문이 열렸습니다. 비온 뒤의 시원한 저녁 바람이 변덕이의 얼굴을 어루만져 주었습니다.

변덕이는 정원을 가로질러 전속력으로 달렸습니다. 마귀할멈의 집으로부터 점점 멀어졌습니다. 쓰레기더미로 가득한 골목길을 돌자 친구 호석이가 보였습니다.

"오변덕, 너 왜 이렇게 늦게 와?"
"헉헉. 호석아 저 집에 마귀할멈이 있어!"

변덕이는 벌개진 얼굴로 소리쳤습니다. 호석이는 이해할 수 없다는 듯이 고개를 갸우뚱거렸습니다. 그리고 물끄러미 변덕이를 쳐다봤습니다.

"저 집은 비어있는데? 변덕쟁이 할머니가 살고 있었는데

다들 싫어했대. 죽을 때까지 찾아오는 사람이 없었다고 하더라고."

변덕이는 충격을 받아 한참을 멍하니 서서 생각했습니다. 컴컴한 집에서 쓸쓸히 죽었다는 말을 들으니까 불쌍하다는 생각이 들었습니다. 그러자 갑자기 기분이 우울해졌습니다.

"달콤한 냄새가 나는데 그거 뭐야?"

호석이는 변덕이의 손을 가리키며 말했습니다. 변덕이의 손에는 케이크 상자가 들려있었습니다. 저녁으로 먹기 위해 몰래 감춰둔 것을 자신도 모르게 들고 온 거예요.

호석이는 상자에서 케이크를 꺼냈습니다.

"우와! 이거 네가 만든 거야?"
"응."
"진짜 맛있다."

호석이는 골목길이 쩌렁쩌렁 울릴 정도로 크게 소리 질렀습니다. 변덕이는 칭찬을 들으니 어깨가 저절로 으쓱 으쓱해졌습니다.

"우리 집에 가서 더 만들어 줄 수 있어?"
"그래 좋아!"
"얼른 우리 집에 가자!"

호석이는 케이크 상자를 들고 신이 나서 뛰어 내려갔습니다. 변덕이는 몇 발자국 발걸음을 떼다가 문득 뒤로 고개를 돌려 저 멀리 삼각형 집을 바라보았습니다.

이층 복도 창문에는 누가 켰는지 알 수 없는 노란 불빛이 반짝이고 있었습니다. 변덕이는 큰 집에서 쓸쓸하게 잠들어 있을 할머니를 떠올리니까 미안한 마음이 생겼습니다. 그래서 다짐했습니다.

"할머니! 멋진 요리사가 되도록 노력할게요. 쉽게 바꾸거나 중간에 포기하지 않을게요. 안녕히 계세요!"
"오변덕, 빨리 와!!"
"알았어, 같이 가!"

변덕이와 호석이는 사이좋게 어깨동무를 하고는 골목길 사이로 사라졌습니다. 그러나 변덕이와 호석이를 누군가가 지켜보고 있었다는 걸 두 친구는 알아채지 못했습니다.

같은 시간 삼각형 집 이층 창가에는 두 개의 그림자가 서 있었습니다. 그중 작고 둥그런 그림자가 말했습니다.

"할멈, 이번에도 성공이지?"
"그래. 변덕쟁이 녀석을 또 하나 고쳐놨구먼."

기다란 그림자는 말을 마치고는 어깨를 들썩거리며 웃었습니다. 할머니의 정체는 무엇일까요? 아이들의 못된 버릇을 고쳐주기 위해서 숲에서 튀어나온 요정일까요? 아니면 정말 무시무시한 도깨비일까요?

하지만 이것은 그렇게 중요하지 않습니다. 변덕쟁이는 반드시 실패하고 꾸준히 노력하는 자만이 성공한다는 진리를 변덕이가 깨달은 것이 더욱 중요하니까요.

독서 후 활동

독서 기록장

생각해 볼까요?

- 변덕이는 처음에 왜 태권도 선수가 되고 싶었어요?

- 변덕이는 나중에 왜 시인이 될 거라고 했지요?

- 변덕이는 친구 호석이네 집에 가다가 누구를 만났어요?

- 이상한 할머니는 변덕이를 집에 데려가서 어떻게 했어요?

- 이상한 할머니 집을 나가려면 어떻게 해야 하죠?

- 변덕이는 어떻게 이상한 할머니 집을 빠져나오게 되었을까요?

가장 기억에 남는 말을 쓰거나 장면을 그려보세요.

이 책의 등장인물 중에서 상장을 준다면 누구에게 주고 싶어요? 이유는요?

편지 쓰기

이 책의 주인공 변덕이에게 편지를 써볼까요?